# 家で災害に耐える
## ～家にいて守ろう～

| まえがき |
| --- |

## 本当は避難しなくてよい家が一番！

　日本は昔から、台風、地震の大国です。火山の噴火も頻繁に起きます。すべての建物は自然災害の上に建っている、といってもよいくらいです。

　この本では、「住まい」に焦点をおき、「災害が起こったときに**避難所へ行かずになるべく自宅で耐えるにはどうすればよいのか**」を中心に考えました。2020年は、新型コロナウイルス感染症等の影響により、できれば避難所へは行きたくないという人も増えていることでしょう。自宅で耐える「**在宅避難**」のためには、予想される災害に対する「備え」が大事です。

　「住まい」は暮らしの基本です。ところが、まだまだ多くの「住まい」は被害にあうことを前提として作られていない！ということは不思議なことです。最近になってようやく、震度7に耐えられる耐震設計の家、などといわれてきています。長く住み続け、災害にあっても、単に強いということだけではない、文字通り「**安全な家**」「**避難しなくてよい家**」が求められる時代になってきています。

　家のなかでは「家具の転倒」がよく心配されますが、動かない家具は、安全です。なぜ、ビルトイン（作り付け家具）の思想が定着しないのでしょう。また、常に整理・整頓され、玄関などの入り口から生活スペースへの動線に障害物がなく、すっきりしていれば、逃げるときにも安全です。つっぱり棒だらけの暮らしの風景は、どこか不自然です。冷蔵庫や家電はどこに置けば安全が確保されるのでしょう。いざというときでも、家で避難でき、暮らし続けられれば、ことあらためて避難所へ行くことは不要です。

　そんな住まい方・暮らし方が理想です。一歩でも近づきませんか？

> **注** ただし、いくら住まいが頑丈で考えられた構造になっているといっても、その住まいが建っている地形、地盤などは考慮に入れなければなりません。急な山の端や崖、川の縁、海岸など、その土地特有の危険要素は考慮に入れる必要があります。住まいは、飛行機でも船でも気球でもなく、その土地とは切り離せないものですから、備えには限界があります。東日本大震災規模の大津波はもちろん、大きな災害が予想される場合は、どんなときでも避難勧告、指示には従うべきでしょう。

# 目 次

# Ⅰ 防災の住まい作り
## ～強い住まいと家具の固定～

## 1 強い住まいを考える

災害に対してその対策を講じるよりも、まずは「倒れない、揺れても安全な家作り」を考えることが重要です。

今までの阪神・淡路大震災、東日本大震災、熊本地震などでも多くの家が倒壊しました。阪神・淡路大震災では死因の80％以上が圧死で、多くの人が家屋や家具の下敷きになって亡くなっています（**図1**）。住まいの強化こそが、命を救うのです。
（52ページ～「住まいの構造・基礎知識」を参照してください）

図1　阪神・淡路大震災における主な死因

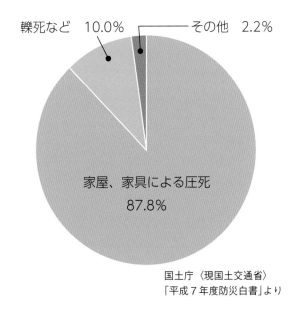

轢死など　10.0%　　その他　2.2%

家屋、家具による圧死
87.8%

国土庁〈現国土交通省〉
「平成７年度防災白書」より

## 2 家具を固定する

### ①家具を固定するときのポイント

家具を固定するためには、家の構造を知らなければなりません。釘を打っても、ボルトで留めても、効果がないところに固定具を打ったり留めたりしても無駄ですし、危険です。家には、主柱（しゅばしら）と間柱（まばしら）、この柱を横に結ぶ梁（はり）や胴縁（どうぶち）という水平の横桟（よこざん。横板・横棒のこと）があります。ふだんは、壁の中に隠れ、下地合板や石膏ボード、表面はクロスや化粧合板に覆われ、外からはその位置はわかりません。しかし、釘は間柱や横桟のところに打たなければ効果がなく、意味がありません。

お父さんいったい何を始めたの？

お〜、すみれ、災害に備えて家具を壁に固定しなきゃと思ってな

防災だよ
防災

壁に固定って…これ、全然効果がないじゃないの！

ありゃ!?

壁の中の構造を調べてちゃんと芯が通っているところに釘とかネジを留めないと効果がないわよ

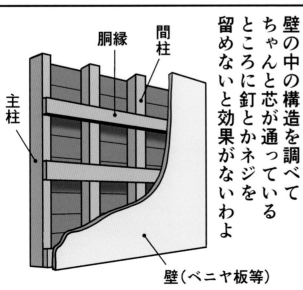

間柱
胴縁
主柱
壁（ベニヤ板等）

## ②家具の材質にも注意

　固定する家具の材質にも注意が必要です。最近の家具は、表面が木の模様をプリントした薄い樹脂や紙を化粧用に合板に貼りつけたものや、無垢材（天然材）を薄くスライスして貼りつけたものが多くなっています。これらの家具は空間が多く、釘などの効果が弱いことがあります。したがって、こうした家具は、端や隅を固定します。市販のＬ字型金物やＩ字型金物を木材用のネジで留めるか、針金とヒートン（針金を通して留める金物）などを使用するのが一般的です。

　木材用のネジは柱、胴縁に当たるように留めますが、外からはわかりにくいので、金槌などで軽く壁をたたき、ネジが使えるかどうかを調べます。ホームセンターには、錐（きり）や針（はり）を壁に刺して間柱を見つける「間柱探知機」も売っています。価格は2,000～3,000円で、間柱の位置をブザーやLEDライトで教えてくれます。

## ③工具は何を使う？

　ネジを留めるためには、プラスドライバーと電動ドライバーを用意します。電動ドライバーはドリルドライバーを兼ねた「インパクトドライバー」がお勧めです。

## ④固定できない場所はどうする？

【鴨居】　鴨居は本来、ふすまや障子を取り付けるためのもので、強度はそれほど期待できません。ですから、家具を留めることはお勧めできません。

【砂壁】　砂壁の下地は、古い家は土壁、新しい家でも合板でできています。内側に横桟がなければそのまま留めても意味がありません。露出している柱に留めるしか手はありません。

【コンクリート壁】　電動ドリルで穴を開け、固定用プラグを挿入し、スクリュー釘やボルトなどコンクリート用のボルトで留めます。ただし、マンションなどの共同住宅の場合は、貸主や管理組合に工事の是非について事前の確認が必要です。

---

**Column**　**プレハブ住宅の場合は？**

　プレハブ住宅の場合、木質系は、壁に柱や横桟が入っている場所を探り当てて留めます。鉄骨系は、鉄骨にドリルで穴をあけると構造に影響するので、専門家に相談をするとよいでしょう。

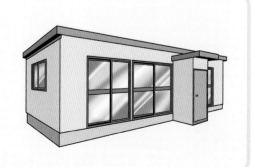

それじゃあこの高さの家具は留められないのか？

そんなことはないわ

床に両面テープで留めたり家具の横で壁の横胴縁に当たる所を探して留められればいいのよ

両面テープ

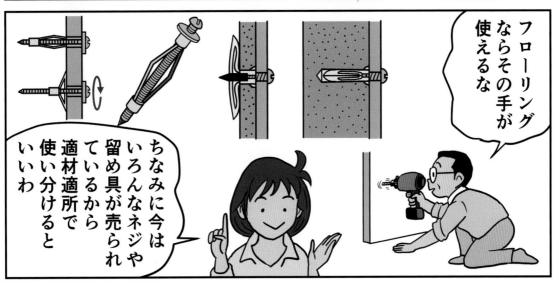

フローリングならその手が使えるな

ちなみに今はいろんなネジや留め具が売られているから適材適所で使い分けるといいわ

和室はど〜すんだ？

鴨居は強度がないから柱に固定するしかないわね

鴨居

7

## **3** 家具の種類によって固定方法を選ぶ

### ①背の高い家具　⇒つっぱり棒を使う

　天井が吊り天井のように弱いときは、つっぱり棒も役に立ちません。基本的に天井材は軽くできており、つっぱり棒などに対応する強度を想定していません。屋根内の横桟と連絡している天井の確かな交点ならば効果があります。ただし、それもできるだけ間柱に近い壁際を探すことが大事です。また、天井から家具までの距離が近いことが原則です。背の高い家具のみが対象になります。

### ②冷蔵庫、テレビなど　⇒固定ベルトなどを使う

　台所の冷蔵庫は、固定ベルトで留めます。冷蔵庫の裏側にあるベルト通穴に強化繊維でできたベルトを通し、間柱、横桟を探しビス留めします。テレビなども台に固定します。さらに針金などで壁に固定すると安心です。

### ③食器棚、ガラス戸など　⇒固定金具や滑り止めマット等を使う

　食器棚のガラス戸にはすぐに開かないように金具を設置し、また、地震等の際に食器が飛び出さないようにすることが大事です。棚の中に滑り止めのマットを敷いたり、棚の手前に水平に低めのバーを設置し、中の食器類が飛び出さないようにガードします。食器が少し出しにくくはなりますが、安全には代えられません。

### ④照明器具　⇒ワイヤーや粘着パッドを使う

　吊り照明は、コード1本ではなく、3〜4箇所を細いワイヤーなどで固定します。フロアスタンドも揺れても大丈夫なように、台に粘着パッドなどを貼るか、倒れてもよい場所に置きましょう。

### ⑤その他

　飾り棚なども③と同じで、簡単なバーのストッパーを付けます。額はヒートンで、壁からはなれないようにしっかりした鎖やワイヤーで固定します。

〈ヒートン〉

天井板も強度がないから横桟が通っている所を探してつっぱり棒を当てがうのが効果的

つっぱり棒は家具と天井の間が短いほうが強度を増す

テレビの底に両面テープ

冷蔵庫の固定ベルト

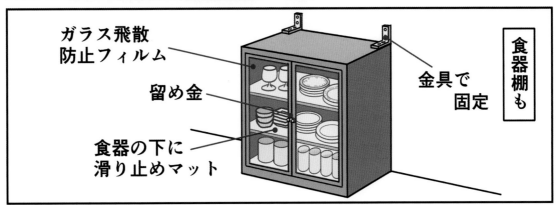

ガラス飛散防止フィルム

留め金

食器の下に滑り止めマット

金具で固定

食器棚も

# 4 家具の転倒を前提とした住まいづくり

## ①家具の配置

　家具については、倒れない工夫も大事ですが、むしろ倒れてもよい配置を考えることが大事です。

> ◆家具の配置〜必ず守りたいこと
> - 「寝ている人に倒れてこない」「布団、ベッドから遠い」配置を。
> - 部屋の出口、避難口を塞がないようにしましょう。
> - リビング、茶の間などふだんいる確率の高いところに倒れやすい家具を置かないようにしましょう。
> - 滑りやすい家具は危険です。ストッパーのあるものは常に確認を（ピアノ、ワゴン、チェスト、ソファー、椅子など）。

## ②作り付けの家具を取り入れる

　家具、家電など災害のときに危険を及ぼすものは、ビルトイン（作り付け家具）を積極的に取り入れると安心です。

---

**Column　ウォークインクローゼットを積極的に取り入れる**

　ウォークインクローゼットの考え方を取り入れ、家具部屋を作ることを考えてみましょう。昔の納戸、蔵、倉庫の考え方です。家具は向かい合わせて置きます。倒れても互いに支えあうので、壊れ方が少なくてすみます。

あ〜…
面倒くさい
〜…

こんなに
家具が
多いなんて
…

そもそも
家を建ててから
家具を買うんじゃ
なくて…

初めっから
作り付けの
家具を
備えた家を
建てれば
いいのだ!!

ビルトイン
(作り付け家具)
ね!!

そう!
そしたら
家具が倒れて
避難経路が
塞がれる
なんてことも
なくなる

ウォークイン
クローゼット
なんか
いいわね

タンスも
いらないし
倉庫や
物置にも
なるから
生活
スペースに
余計なものを
置かなくて
すむ

### ③ガラス製品には特に注意

災害時には割れたガラスが床に飛散し、大変危険です。

> ◆ガラス製品の対策〜必ず守りたいこと
> - リビングルームなど家族が集まる場所の家具のガラスなどを優先して対策をたてます。また、通りに面した部屋の2階の窓ガラスは通りを歩く人に危害を及ぼす恐れがあります。室内の高い位置にあるガラスにも注意しましょう。
> - 熱帯魚などの水槽にも注意しましょう。
> - 室内のサイドボードや食器戸棚も飛散防止フィルムを貼っておくと安心です。

---

**Column** ## 家が人を傷つけることも

　地震時は、外壁やガラス、屋根瓦などが落ち、避難する人たちを傷つけることがあります。2016年の熊本地震の際には多くのブロック塀が倒壊し、死傷者が出ました（**図2**）。

　屋根瓦の葺き替えや、ブロック塀の工事については、自治体から補助金や助成金が出る場合があるので調べることをお勧めします。

　塀（へい）は、最近の家の構造や冷暖房設備、外壁仕上げなどを考えるとむしろ不要でしょう。防犯上からも外から見えるほうが安心です。目隠しに使いたいのであれば、生け垣のほうが街の美観を上げることにもなり、お勧めです。

#### 図2　熊本地震（2016年）の被害状況

| | |
|---|---|
| 死亡 | 273名 |
| 重軽傷 | 2,809名 |
| 家屋の全半壊 | 43,386戸 |
| 家屋の一部損壊 | 163,500戸 |
| 公共施設の損壊 | 467件 |
| ブロック塀の倒壊による被害 | 多数（うち2名死傷） |

内閣府ホームページより

災害が起きたら割れやすいガラスは危険よ

そうだな飛散防止フィルムを貼っておこう

2階の窓ガラスが割れて降って来たら凶器になるからな〜

アチ〜ッ

ブロック塀や屋根瓦にも気をつけて、不備があれば自治体から補助金や助成金が出る場合もあるわ

最近の家は塀がなくても中は見えないから、必要ないかも

昔のように植え込みとか植栽にしたら景観もいいし開放感もあるわね

## 5 各部屋の防災

### ①リビングルーム

家族が集まるリビングには大きな家具を置いていることが多く、危険です。

◆リビングの対策〜必ず守りたいこと

●テレビ

最近は大画面のものが主流で、倒れた場合、非常に危険です。購入時に付いているワイヤーなどで、しっかり留めておきましょう。

キャスター付きのものは動かないように固定しましょう。

●サイドボード・食器棚

中に滑り止めのマットを敷きます。敷物は100円ショップでも購入できます。また、中身が飛び出さないように、扉の留め具がしっかりしたものかどうか確認しましょう。ガラスの扉の場合、フィルムを貼り、割れても飛び散らない工夫をしておくことも大事です。

●ピアノ

大震災で、「動いてくるピアノに殺されそうになった」という話もあります。大きくて重い家具は、キャスターを動かないように留めるのは当然ですが、さらに専用のストッパーが必要でしょう。

### ②寝室

寝ているときに震災にあうことがよくあります。慌てないで、といっても無理がありますが、無防備な状態はとても危険です。

◆寝室の対策〜必ず守りたいこと

●パジャマ・寝巻

アウトドアでもOKなように、Tシャツにジャージのようなものを着ていれば、より安全です。

避難所などで女性が性的被害を受けることがあります。ユニセックスなもののほうが、その意味でもより安全でしょう。

ん!!

ふぃ〜っ
だいたい
家の防災は
こんなとこ
かな〜

つかれた〜!!

今、お茶
淹れるね

この部屋
もし地震が
来たら…

どうやって
逃げる?

出入り口(脱出口)

避難する時の
動線も考えて
家具を配置
しないと
まずいかも…

- **メガネ**

  必ずケースに入れておきましょう。大震災で、フレームが壊れて困ったというケースはたくさんあります。

- **家具**

  寝室には、背の高い家具を置かないようにしましょう。やむを得ないときは、ベッドに倒れてこない場所に配慮し、また、家具の上に物を置くこともやめましょう。基本的に住宅の新築または改築時にウォークインクローゼットのように、「ビルトイン（作り付け家具）」にすることを心掛けることが大事です。

- **避難経路**

  寝室から玄関までの避難経路には、物を置かないようにしましょう。

- **防災グッズと貴重品**

  防災グッズは「定位置」を決めて家族のみんながわかっていることが大事です。壁に吊るしておくか、動かない場所ですぐに取り出せるようにしておきましょう。

  印鑑（実印）、土地建物の権利証、預金通帳、健康保険証、パスポート、年金証書、カード類などの保管場所は、防災グッズと一緒にしておくとよいでしょう。ただし、日常生活のなかで使う健康保険証、カード類などは非常袋に入れると使うときに不便です。大事なものはコピーを取って、非常袋に入れておくようにします。

- **役に立つ防災グッズ**

  家具や家の天井が落ちてきて、それらにはさまれて脱出できないときには、自らの存在を知らせ、助けを呼ぶためのホイッスルが役に立ちます。

## ③キッチン

キッチンには大型家電、刃物、割れやすい食器、ガスなど、危険がいっぱいあります。

◆キッチンの対策～必ず守りたいこと

- **冷蔵庫**

  今は、安くてしっかりしたベルト型の留め具が出ています。

- **重い鍋、電気釜、ミキサー、フライパンなど**

  高いところには決して置かないようにします。

これは各部屋ごとの避難経路をしっかり確保する必要があるな…

とにかく入り口を塞がないようにすることね

階段や廊下に物を置かない

メガネが割れてまったく見えなくて苦労した人がいるってよ

恐ろしいな～メガネは必ずケースに入れて枕元に置くようにしよう

あと防災グッズの入った非常袋は玄関の取りやすい所に置いとくね

逃げるときにパッと手に取れるからな

●吊り戸棚

地震などの揺れで開かないように留め金具を付けておきます。中のものの落下を防ぐためです。マグネットだけでは危険です。

●引き出し

引き出しも飛び出すので、危険です。市販のストッパーを付けます。子どものいたずら防止にもなります。

●刃物

高い位置に収納するのは危険です。

●ガス

慌てて火を止めようとして、やけどをすることのほうが危険です。大きな地震のときはガス会社でガスを止めるようになっています。

また、地震などがおさまった後、復旧する手続きをパンフレットなどで覚えておくことも大事です。

●電気ブレーカー

地震の揺れがおさまり、避難所などへ行くために家を離れるときは、電気のブレーカーは下げ、電源を切ることが大事です。電気が復旧したときにつけっぱなしになった電球などから発熱し火災になることがあるからです。ブレーカーの位置は家族皆で知っておきましょう。

## ④浴室

浴室は水を溜めておくことができる貴重な場所です。

◆浴室の対策〜必ず守りたいこと

●風呂水

風呂水は、常に溜めておくことが大事です。前夜の風呂水でも、水洗トイレの水の補給に役立ちます。日常は、風呂掃除の後、カビ対策のために乾燥させるほうがよいのですが、乾燥した後は、水を張っておくことを心掛けましょう。庭が広く余裕があれば、雨水タンクを設置し、ろ過した後に入れる飲み水衛生剤（専門家と相談して）をアウトドアショップなどで手に入れて、用意しておく方法もあります。

ただいま

お帰り
すみれと
2人でうちの
防災を完璧に
したぞ

お疲れさま
今日は焼肉よ
鉄板取って
くださらない

よし
来た!

ズリルッ

わっ!!

危ないじゃ
ないか!
こんなのが
落ちて来て
頭に当たったら
ケガだけじゃ
すまないぞ

だって
ふだん
使わない物は
つい手の
届かない
所に置くのよ

だけど
今度は
下に置き
なさい!!

あっ
電気が
切れた!

ブレーカー
を上げろ

プチッ

ブレーカー
どこだっけ?

## ⑤トイレ

トイレは構造上もっとも安全な場所といわれますが、地震などによって閉じ込められる危険もあります。

◆トイレの対策〜必ず守りたいこと
● バールを置いておく
　短いバールなど、ドアをこじ開けられる道具を置いておくと安心です。ただし、バールがむき出しで日常生活の中にあるのは違和感があります。ふだんは細長い箱か、袋に入れておく工夫が必要でしょう。
　もちろん重いものは、高い棚などには置かないことです。
　少し抵抗があるかもしれませんが、思い切ってトイレのドアをなくし、厚地の防水カーテンにする、という方法もあります。殺風景にならない生地を選びましょう。
● タンクレス方式
　地震のときなどはタンクの蓋が落ちることがあり、危険です。新築であれば、タンク式便器はやめて、金額は高いのですが、タンクレス方式がお勧めです。断水などいざというときは、風呂の水を流すことで、汚物処理は可能です。

## ⑥子ども部屋・書斎

子ども部屋は特に無防備になりがちなので注意が必要です。また、書斎は本などの落下が心配される場所ですから、安全にはよく配慮しましょう。

◆子ども部屋・書斎の対策〜必ず守りたいこと
● 家具の固定
　本棚などが倒れないように留めます。オーディオ類や額縁つきの絵画も同様に気を付けましょう。
● スチール製の机を
　一概にはいえませんが、机は木製よりスチール製のほうが強く、下にもぐって助かったという報告があります。この場合、机が動かないように、脚をしっかり固定することがポイントです。

21

⑦階段

　階段は広いほうがよいのですが、狭い日本の住まいではそうはいきません。避難の妨げにならないような工夫が必要です。

◆階段の対策〜必ず守りたいこと

●**踊り場の設置**

　急激な転落防止のために直線の階段ではなく、「踊り場」を設けるようにします。

●**手すりの設置**

　手すりを設けます。高齢者や子どもが使う場合は、両側に低めの手すりを設けます。スペースが確保されない場合は片側のみとします。

●**夜間の安全を考える**

　手すりに暗い場所でも光る蓄光材（スプレーなども商品化されている）を用いると夜間の安全が確保されます。

●**階段の照明器具**

　天井埋め込み型の照明器具（ダウンライト）などは落下の危険性が少なく、比較的安全でしょう。シャンデリアなど、天井からの距離が長いものは、揺れて危険です。

Column　**マイカーを安全に活用する**

　路上で被災したときに車から離れる際は、キーを付けたままにしておきましょう。

　また、車庫内の車は、ロックしておけば避難したときには、金庫代わりになります。

　車のバッテリーは、DC/ACコンバーターがあれば、シガーソケットから通常の簡単な電気機器、携帯電話の充電にも利用ができます。ジャッキは折れた柱など重いものを持ち上げるときに利用できます。

でも贈り物って結構、場所を取るのよね…

それに重いし、ついつい玄関に近いところに置いちゃうのよ

荷物を廊下に置くなと言ってるだろう

すぐに荷をほどいて冷蔵庫に入れるとか工夫しなさい

そういうあなただって階段に本を積んでいるじゃないの

うーん…本棚に納まらないからな…確かに危ないな…

よしっ断捨離するぞっ!!

片付いたの?

ちょっと待って…

# Ⅱ 住まいの地震対策

## 1 耐震診断と補強

### ①耐震診断とは

　現在の日本の住宅の耐震診断は、2004（平成16）年（2012年改訂）の「木造住宅の耐震診断と補強方法」をベースに行われています。1981（昭和56）年5月31日以前に建築された住宅は、旧基準で建てられたもので、耐震診断を受けることが求められています。この耐震基準に満たない箇所があれば、改修補強をする必要があります。

　診断や改修費用については、多くの自治体で助成制度を設けています。いくらかの自己負担は必要ですが、安心して住むコストと考えれば、命より大切なものはないのですから、ぜひ行うべきでしょう。

　災害に強い耐震補強を行うことが、個人が行う住まいの最も重要な防災対策です。

### ②耐震診断の手続き

　設計図などがあれば自分で診断することもできます。具体的には次のような方法があります。

◆耐震診断の手順

● 築20年未満の住まい

　自宅の設計図一式を用意し、地域の防災センターに行き「耐震診断表」を入手します。必要事項を記入し、自分で診断してみます。電卓、方眼紙があればできますので、実際にやってみてください！

● 築20年以上の住まい

　土台、水回り（風呂場、洗面所、台所の床下）に、腐朽菌による腐食、またはシロアリの被害がないかチェックが必要です。熊本地震では、古い家の「座屈（ざくつ）」という柱と梁の接合部の腐食などによる損傷が原因で、「家が潰れた」状態になったという報告があります。

● 診断基準に満たない場合

　耐震診断の結果、問題があるようなら、倒壊の危険性が心配されますので、お住まいの自治体に相談し、対策を講じます。

耐震診断？

耐震診断はしたの？

ところでうちは築何年なの？

すみれが生まれる前に建てたから築22年かな〜

家の健康診断みたいなものよ

築20年以上なら土台や水回りが腐っていないか、またシロアリの被害がないかなどをチェックして補強しないと地震が来たら潰れやすいのよ

よし、すみれにまかせた！

今は家の設計図を防災センターに持って行けば自分で診断する表をもらえるの

そうよねー人間も年一回健康診断を受けるんだから家も20年も経てばあちこちガタがくるわね

### ③耐震診断を依頼する業者の選定

　業者の選定は、自治体に相談し、推薦を受けます。補強に100万円単位でお金がかかるかもしれませんが、倒壊して1,000万円単位で建て直すことを考えれば、やっておくべきでしょう。

　自治体によっては、耐震診断、耐震補強工事の補助金、低利融資などの制度があります。自治体の窓口に相談しましょう。

### ④自治体による補助金の例（東京都の場合）

　東京都（23区）では、耐震診断や耐震補強工事について次のような補助金を交付しています。東京都（23区）以外でも各自治体によって対応が異なりますので、必ず確認しましょう（全国の政令指定都市の補助金制度については62ページ参照）。

#### ◆東京都（23区）の補助金制度一覧（2020年4月1日現在）
＊一般木造戸建の場合（1981（昭和56）年5月31日以前に建てられたもの）

| 区 | 耐震診断 | | 耐震補強工事 | |
|---|---|---|---|---|
| | 無料診断または上限額 | 助成割合 | 上限額 | 助成割合 |
| 足立区 | 10万円 | ― | 80万円 | 1／2以下 |
| 台東区 | 15万円 | 10／10 | 200万円 | 2／3 |
| 文京区 | 10万円 | 8／10 | 120万円 | 1／2 |
| 墨田区 | 7.5万円 | 1／2 | 135万円 | 1／2 |
| 千代田区 | 15万円 | 10／10 | 120万円 | 10／10 |
| 中央区 | 無料 | ― | 300万円 | 1／2 |
| 港区 | 20万円 | 2／3 | 200万円 | 1／2 |
| 新宿区 | 無料 | ― | 300万円 | 3／4 |
| 江東区 | 無料 | ― | 150万円 | 1／2 |
| 品川区 | 6万円 | 1／2 | 150万円 | 1／2 |
| 目黒区 | ― | 6／10 | 150万円 | 8／10 |
| 大田区 | 10万円 | 2／3 | 150万円 | 2／3 |
| 世田谷区 | 無料 | ― | 100万円 | ― |
| 渋谷区 | 無料 | ― | 100万円 | 1／2 |
| 中野区 | 無料 | ― | 150万円 | 1／2 |
| 杉並区 | 11万円 | ― | 100万円 | 1／2 |
| 豊島区 | 15万円 | ― | 100万円 | 2／3 |
| 北区 | 無料 | ― | 100万円 | 2／3 |
| 荒川区 | 30万円 | 10／10 | 100万円 | 2／3 |
| 板橋区 | 7.5万円 | 1／2 | 75万円 | 1／2 |
| 練馬区 | 8万円 | 2／3 | 120万円 | 2／3 |
| 葛飾区 | 無料 | ― | 160万円 | 2／3 |
| 江戸川区 | 無料 | ― | 100万円 | 1／2 |

※補助については区によって要件がありますので、詳細は区にお問い合わせください。
※上記以外にお住まいの人は、各自治体のホームページ等でご確認ください。

あちこち補修・補強が必要だなぁ…

う〜んやっぱり

お！どれどれ

はい、耐震診断の結果が出たわよ

業者に見積もりを出してもらわなきゃ

全部直すとなるとどのくらいかかるんだ？

人間で言うと血管が詰まるようなものだもんな…

水回りのパイプとかも換えないとね〜…

いや…そんなには出ないから

よ〜し！それなら徹底的にリフォームするぞ！

図面かくっぞ〜〜

何？本当か？

自治体から補助金が出るわよ

# **2** 地震のときのマンションで気を付けたいこと

## ①火は消したほうがよいか

　事前に設備の状況を確認しておきましょう。ＩＨオール電化のものは揺れを感知すると自動的に消えますので心配は不要です。また、ガスも自動的に止まります。石油ストーブも倒れない限りは揺れると消火するものが増えています。ただし、ガスなどは元栓が開いたまま復旧すると、火災になる場合があります。復旧したときのこともよく考えておきましょう。

## ②出口に注意

　玄関が歪んでしまってドアが開かないときは、こじ開けられるようバールを置いておきましょう。中低層階なら、ベランダの非常口から脱出できます。

## ③エレベーターはすぐに止める

　エレベーターに乗っているときに地震にあったら、ボタンを全部押して最寄り階に止めます（自動的に止まるエレベーターもあります）。

---

Column　　**マンションの耐震構造**

　マンションは上階に行くほど地震の揺れが大きく、家具が大きく動き、大変危険であることが報告されています。現在、マンション、特に高層住宅の場合は「柔構造」といって、揺れることで振動を吸収する造りになっています。まるで、こんにゃくがゆらゆら揺れるようです。また、積層ゴムなどを基礎に使い、揺れを少なくする「免震構造」も増えてきています。しかし、揺れがなくなるわけではありませんので、戸建住宅同様、念入りな家具の固定策が必要です。

　ただし、先述のように、コンクリートの壁面にドリルで穴をあけ、スクリュー釘を埋め込むときは、マンション管理組合、管理人から事前に了解を得ましょう。

　基本的にマンションは木造戸建よりは丈夫で安全といわれています。しかし、避難のときは、冷静に階段を使って脱出することです。停電すれば、エレベーターもトイレも、オール電化の設備もすぐに使えない可能性があり、「マンションの弱点である」ということも理解しておくべきでしょう。

地震の際にもっとも気をつけなきゃいけないのは火の始末だ

うちはIHオール電化だから台所の火は心配いらないわ

ガスストーブや石油ストーブも揺れを感知すると…

自動的に消火するタイプのものにしているので安心

寝タバコが一番ダメでしょう!

我が家は火事への備えは万全だな!

# Ⅲ 暮らしの災害対策 Q&A

## Q1 防災グッズは必要？

　非常袋の中身は、**わが家のニーズに合わせて揃えることが大切**です。乳幼児、高齢者、病人、障害者、ペットなどがいる場合は、通常と異なります。ケースに応じた防災グッズが必要になります。

　また、**非常袋の中身は見直しが必要**です。高額で買ったものが家族のニーズに合わなかったり、古くなって役に立たなかった例があります。お持ちの防災セットが家の片隅で劣化していないでしょうか。電池切れ、飲料・食品の消費期限切れ、道具類の錆びなどはないでしょうか。そもそも家のどこに非常袋がしまってあるか、覚えているでしょうか。

## Q2 非常食はどうやって選ぶ？

　非常食は次の3点を基準に選びます。
### ①長期保存できる
　保存期間が1〜2年くらいのものを常備し、日常のなかで使いながら補充しましょう。これを**ローリングストック＝回転備蓄**といいます。
### ②持ち運びしやすい
　避難するときにすぐに持ち出せる軽量でコンパクトなものを選びましょう。
### ③調理が簡単
　レトルト、フリーズドライ食品など、温めればすぐに食べられるか、そのままでも食べられるものを選びましょう。

## Q3 非常食はどうやって保存する？

　**非常食は、ファスナー付きビニール袋で保存**しましょう。プラスチックのスプーンなどとともに、保存用のファスナー付きビニール袋に詰め、空気を抜いて保存します。かさばらないようにするため、箱などの余分な包装は捨てます。ただし、中身がすぐにわかるように、フェルトペンなどで内容を記入しておくことが必要です。

この非常袋の中身はいつ入れたんだっけ？

え〜っと熊本で地震があった時だったかしら？

もう4年も経っているぞ！

あ〜、これ消費期限が切れてる…

もったいないねぇ〜

缶詰はかろうじて食えるだろう…

今夜、食べて買い替えよう

乾電池や懐中電灯の電球などもチェックしないと

何をいつ買ったか表にしておくといいわね

食料や水などは消費しながら常に買い替えておくんだ

ローリングストックね

## Q4 ご飯を温めるには？

レトルトのご飯は携帯カイロで温められます。カイロ（レトルトのサイズに近いもの）でレトルトのご飯を挟み、バスタオルなどで厚く巻いて熱が逃げないようにして、30分ほど待てばOKです。

## Q5 できるだけお金をかけずに準備するには？

100円ショップを大いに利用しましょう。100円ショップには、実用面で役に立つものが沢山あります。不織布製の下着、ウィンドブレーカー、レインコート、携帯ラジオ、スティックライト（懐中電灯）、ペンライト、メッシュポーチ、老眼鏡など、一式揃えることができます。

## Q6 アウトドアグッズは役に立つ？

被災地は、まさに「アウトドア」です。アウトドア用品を上手に活用しましょう。例えば、車に寝泊りするとエコノミー症候群が心配ですが、テントなら安心です。3～4人用のワンタッチ型テントならば5,000円くらいからあります。折りたたみ式の簡易椅子も役に立ちます。

◆非常時に役立つアウトドアグッズ一覧

| | |
|---|---|
| 衣類 | 洗濯ができない環境下でも不快を感じにくい、保温性や発汗時の吸湿性に優れた衣類があります。 |
| コンパクトガスストーブ | ガスカートリッジ式がお勧めです。ただし、テントのなかでは、一酸化炭素中毒に注意が必要です。 |
| ヘッドランプ | 貴重品を探すときにも役立ちます。ただし、バッテリーのチェックは必要です。時々点灯して確認しておきましょう。 |
| ローソク | 火災に注意して扱いましょう。マッチ、またはライターをセットにしておき、いざというときに慌てないようにしておきましょう。ビールなどの空き缶をカッターナイフで切って加工すれば、風よけになり、スタンドライト、ランタンにもなります。 |
| 携帯ラジオ | 薄型・軽量のものが主流です。 |
| ヘルメット | 折りたたみ式もあります。 |
| 携帯カイロ | 消費期限は2～3年です。 |
| バーベキュー道具一式 | 炭・着火剤・軍手などを用意します。 |

| ガスコンロ (カートリッジ式) | 火力にもよりますが、連続使用で1本1～2時間弱が目安です。5～6本用意します。 |
|---|---|
| ポリタンク | 折りたたみ式で蛇口のついたものが便利です。 |
| 固形燃料 | 卓上タイプ、缶タイプ、タブレットタイプ、ゼリータイプなどがあります。 |
| 寝袋 | 保管するときはカビに注意しましょう。 |
| キャリーバッグ | 荷物運搬に簡易なものが便利です。 |
| デイパック | 出し入れのしやすいものを選びましょう。 |
| アーミーナイフ | 日本では銃刀法で刃渡り5.5cm未満のもののみ認められています。 |
| ペンライト | 立てればテーブルライトになるものもあります。 |
| 使い捨て食器 | 水が自由に使えない被災地では紙製のコップと皿が便利です。 |
| ポンチョ | 雨用ですが、屋外トイレのときの目隠しにもなります。ゴミ袋の底に穴をあけ、代用することもできます。 |

## Q7 防災グッズはどこに置く？

　防災グッズはできるだけコンパクトにまとめ、**避難口（玄関）の近くに置きます**。押入れや寝室に置いておいても、スムースに持ち出せません。

　余裕があれば、「**分散保管**」をすることもお勧めです。この場合は、家の外の倉庫などで保管します。家の内と外では「非常持ち出し品」と、「備蓄品」を分けておく方法もあります。

- **非常持ち出し品**：健康保険証、パスポート、預金通帳、保険証券のコピーなど
- **備蓄品**：名前、住所、電話番号、血液型、生年月日、治療中の病気、常用薬、アレルギー、かかりつけ医、緊急連絡先の親族の名前、電話番号などを書いた紙、現金・小銭、住所録のコピー、自家用車のスペアキー、ライター・マッチ、軍手、厚手の靴下、予備のメガネ、予備の入れ歯、補聴器など

　入れ物は、旅行用ボストンバッグ、デイパック、布製手提げバッグなど火に強いものを使います。

　家の外では、車のトランクも利用できます。

---

### Column　写真を見て辛い日々を乗り切る

　思い出は「いやし」の力になります。写真はSDカードなどに保存して非常持ち出し品などと一緒に保管しましょう。パソコンなどの情報も同じです。

今のキャンプ用品はすごいなぁ〜

コンロひとつとってもコンパクトで火力も強いし長時間持つわ

レトルト食品も美味しくなってるし

種類も豊富よ

うん…インスタント食品とは思えないな

インスタントというのも古い…

避難生活で栄養もきちんと摂らないといけないし美味しくないと何だか淋しい気持ちになるからね〜

食は大事ね！

寝袋もこんなにコンパクトになったのか〜

小さくて軽いし暖かいわ

いざという時このリュックを持ち出せば安心ね

耳栓を忘れた！

失敗ね〜

グォ〜ガァ〜

## Q8 防災グッズはどこで買える？

### ①ホームセンター・作業用品ショップなど

脱出や救助に役立つものを揃えます。

- ・ヘルメット（家族の分があれば安心です）
- ・平バール（45〜50センチメートルのもの。20〜30センチメートル程度の短いものはトイレに置きます）

  ※平バールは、マンションの玄関や鉄製のドアの家では、ドアをこじあけ脱出するときに役立ちます。玄関の下駄箱に入れておけば、防犯用にもなります。

- ・のこぎり（ブレードが厚めのものを選びましょう）
- ・ロープ（20メートルくらい）　・軍手　・アーミーナイフ　・固形燃料　・作業用厚地皮手袋

### ②ドラッグストアなど

被災し、しばらく入浴もできないときや急な病気やケガのときに、次のようなものが役に立ちます。

- ・ウェットタオル（大型のものを選びましょう。大は小を兼ねます）
- ・ドライシャンプー（水が不要で、案外さっぱりします。さわやかな香りでリフレッシュ感があります）
- ・体温計　・除菌ウェットティッシュ　・次亜塩素酸除菌水　・マスク
- ・傷用軟膏　・飲み薬　・打ち身等の場合の湿布　・整腸薬

## Q9 日常品も防災グッズになる？

**身近な日用品は大事な防災グッズです。**

- ・**40〜45リットル入りの透明ビニール袋**（かぶれば1〜2分は呼吸ができます。しかし、ビニール袋は火に弱いので、煙やガスだけを防ぐ場合に使用します。窒息には十分に注意して首のところは閉じないようにしましょう）
- ・**厚手の不透明のゴミ袋**（水汲み用、防水嚢に。二重にすればダンボール箱と組み合わせてトイレにもなります。新聞紙をちぎって入れれば吸水します。
- ・**タオル**（包帯、三角巾、防寒着などはつないでロープ、座布団、シーツの代わりになります）
- ・**ダンボール箱**（ビニール袋と併用して、水汲みバケツ、トイレ、目隠し、布団代わりになります。沢山あれば簡易ハウスができます）
- ・**スリッパ**（夜寝ていて災害にあったとき、玄関まで靴を取りに行けないことがあります。底の厚いスリッパを寝室に用意をしておきましょう）

アウトドアグッズは災害時にも有効なのがわかった！

一回使って試したほうが良いわね

でも被災とキャンプは違うから避難生活に必要なものもあるはずよ

あ〜…お風呂に入れなくなるわ

大事ねー入浴できなくても体を拭いたり清潔にしたいわよね

介護用品でウェットタオルとかドライシャンプーを用意しておくといいわ

薬品も大切ね消毒薬、痛み止め、傷に貼る絆創膏…

## Q10 飲料水はどれくらい必要？

　災害が発生したとき、各自治体の防災計画では、**1日目は自分で（自助）、2日目は自治体の備蓄（共助）、3日目からは輸送体制が回復（公助）**されることになっているところが多いようです。

　しかし、安全を考えると**3日分は確保**しておく必要があります。人間の身体に必要な水の量は、1日に通常は3リットルといわれています。4人家族なら〔3リットル×4人＝12リットル〕×3日間＝36÷40リットル、つまり、大体、20リットル入りのポリタンク2本分、となります。2リットル入りのペットボトルなら、20本です。

---

**Column**　　　　用意する水は水道水orミネラルウォーター？

### ●ポリタンクの場合

　20リットル入りのポリタンクの場合、通常の水道水なら、塩素消毒をしてありますが、それでも1週間で入れ替えをしないと飲用には危ないでしょう。塩素を除去したミネラルウォーターは持ちが悪いので、普通の水道水にしましょう。

### ●ペットボトルの場合

　消費期限の確認が必要です。20リットルポリタンク1本を1週間に1回取替え、2リットル入りペットボトル10本をダンボール箱に入れて、常備します。

　ただし、これらは飲料、食事用などのための水です。トイレ用などには、風呂の水の貯留を心掛けましょう。また、逃げる場合には、非常持ち出しに500ミリリットルのペットボトル1〜2本あれば十分でしょう。身軽が大事です。

　ペットボトルは、超長期保存の商品にもいろいろな種類があり、缶入りの保存水もあります。これらはホームセンターなどの防災コーナーで手に入ります。

---

## Q11 現金は必要？

　多額の現金は必要ありませんが、**一定の現金を持ち出せるようにしておくことは大事**です。ただし、盗難には十分に気を付けましょう。「阪神・淡路大震災のときにいちばん大切だったのは一に現金、二に水。食料はその次」という話が残っています。食料の配給は被災後、まもなく始まり、多くのコンビニからの支援もありました。小売店の営業が再開するのも早く、3〜4日たったら炊き出しも始まりました。

　最近は、「スマホ決済」を利用する人が増えていますが、バッテリーが切れていれば使用できませんので、十分に気を付けましょう。

非常時にはとにかく水の確保が大事だ

断水する可能性が高いものね

最近は自治体でも公園などに地下に水を確保しているわ

だけど自分たちの飲み水は自分たちで備えたいなー

そうよねー

トイレの水は風呂の残り湯でまかなうとして

水1リットルで1Kg···40リットルで40Kg!結構な重さだな〜

これはいらないでしょ!

何を言う!アルプスの山岳救助隊は必ず携帯しているんだぞ

# Ⅳ それぞれに対する配慮
## ～乳幼児から高齢者まで～

## 1 乳幼児

粉ミルク、おむつ、おしりを拭くためのシートは必ず準備しておきます。

## 2 子ども

ストレスを解消するための玩具、絵本、お菓子などがあるとよいでしょう。

## 3 病人

避難所の支援態勢を確認しておきましょう。医薬品の準備状況、病状に応じて人工呼吸器、ポータブル発電機などが必要になることもあります。

## 4 高齢者

食料品は乾パンのような固いものは避け、やわらかいレトルト食品を用意します。寒さ対策として、毛布、カイロ、常備薬、ウェットティッシュなどの衛生用品も忘れずに。

## 5 障害者

障害者といってもさまざまな人がいます。その人がいつも使っている杖や補聴器等に加え、災害時でも慌てずに済むように、わかりやすい案内と支援が必要です。障害を持った人が取り残されることがないよう、地域での協力が大切です。

## 6 外国人

特に来日間もない人や日本語が理解できない外国人にとって、異国での被災は大きな不安です。翻訳機やわかりやすい避難表示などで誘導できるよう、地域で協力しましょう。

## 7 ペット

ペットフード、飲料水、トイレなどは飼い主の責任です。ケージとペットの両方に名前と連絡先を記載をしたプレートを付けておきましょう。離れ離れになってしまったときのために写真を用意しておくとよいでしょう。

# Ⓥ 災害の種類による対策を考える

お住まいの自治体のホームページの「ハザードマップ」で地域の安全状況を確認しましょう。

## 1 水害

水害には川の増水、堤防の決壊などで起こる「**外水氾濫**」と、大量の水の流入により排水能力を上回る水が流れ込み、排水が逆流し下水が溢れて浸水する「**内水氾濫**」があります。都市型の豪雨による被害は、主に「内水氾濫」です。次のような対策を行いましょう。

①**貴重品などは高いところに移す**

②**嚢（のう）＝ふくろを準備する**

　土嚢がないときは水嚢などを用意し、せき止める準備をします。

（土嚢の代用品）　・ゴミ袋（簡易水嚢）　・ポリタンク　・プランターとカバー用シート　・止水板と水嚢　・吸水性ゲルと水嚢

　土嚢・水嚢は、家の出入り口、風呂場、洗濯パンなどの排水口に置いて下水の浸入を防ぎます。地下室の場合は、換気口を塞ぐことを忘れないようにします。もちろん、水の侵入を防いでも部屋にいて窒息しては、元も子もありませんので、注意しましょう。

## 2 火災・類焼

火災の原因は近年、大きく変化しています。キッチンを見ても、自動消火するガス台や安全装置の付いたプロパンガスなど、事故は起こりにくくなっています。

ところが、安全なはずの**電気が火種**になっていることが、最近の大震災から報告されています。電気のショートによる発火、つけっ放しの照明器具や暖房器具からの発火などは、初期消火が難しいときに起こることが多いので、電気ブレーカーをすぐに切ることが大切です。

木造住宅密集地域は、類焼の恐れがあります。自分の家から火を出さない心掛けと、隣近所の防災、消火のチームワークが必要です。近所の消火栓の位置、消防団への連絡方法などを確認しておきましょう。

うちは近くに海や川がないから水害には気をつけなくていいね

何言ってるの!

水害には「外水氾濫」と「内水氾濫」の2種類あるのよ

「外水氾濫」
川の増水、堤防の決壊などで起こる

「内水氾濫」
豪雨などによって排水能力を上回る水が流れ込み、下水があふれて浸水する

うわ〜っ

ドッパーン

町なかだから安心とは限らないんだなーっ

今はオムツなどに使われている吸水性ゲルを使った水嚢(土嚢)が売られているので軽くてコンパクトに収納できて安心です

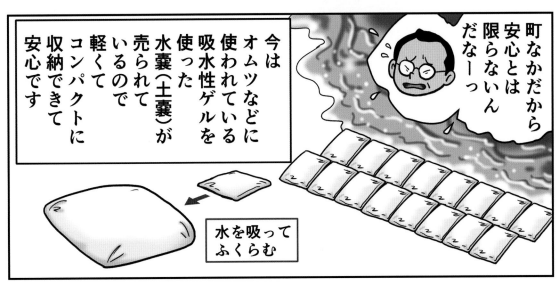

水を吸ってふくらむ

次のようなものを備えておきましょう。

・**消火器**

　　一般家庭用の万能タイプのものが使いやすいでしょう。古くなっているものはかえって危険です。消化器には使用期限があります（家庭用で約5年）。取扱説明書をよく読み、使用期限が切れたものは、適切に処分し、新しいものに換えておきましょう（家庭ごみでは出せません。消火器リサイクルセンターなどで有料処分するか、または新しいものに買い換えるときにホームセンターなどが無料で引き取ることもあります）。

---

**Column　化繊の服は危険**

　　化繊（ポリエステル、アクリル、レーヨン、アセテート、ポリプロピレン、ポリウレタンなど）の服は、火災のときはすぐ脱ぎ捨てます。フリース、ジャージ、タイツ、ストッキングは、火に弱く皮膚に高温で張り付き、やけどの原因になるので大変危険です。

---

# 3　土砂災害

　　国土交通省や地方自治体は、被害が出る場所を「急傾斜地崩壊危険箇所」としてハザードマップに示しています。自分が住んでいる場所が該当しないか、日頃からよくチェックしておきましょう。

・地すべり、土石流の前兆を感じたら迷わず逃げます。
・兆候を発見したら勧告・指示の有無にかかわらず自主避難します。

◆土砂災害の兆候

　　次のような兆候が見られたら、周囲に知らせて速やかに避難します。

●がけ崩れ
　　・小石が落ちはじめる
　　・異様なにおいがする
　　・斜面にひび割れができる

ところでうちに消火器はあるの?

もちろんさ その辺は用意周到だ

あれ?どこに置いたかな〜…?

ごそごそ

あったあった!

いざという時に置いてある場所がわからないんじゃあ役に立たないじゃない! すぐに使える所に置いといて

じゃあ台所のコンロのそばに置きましょう

そうね火を使う近くがいいわね

やだ!これ10年以上経ってる…5〜6年で買い替えないと

家を建てたときに買ったからね〜…

●土石流
　・山鳴りが聞こえる
　・川の水位が下がる
　・川の水が濁る
　　河川の扇状地に住んでいる人は特に注意が必要です。

●地すべり
　・地面がひび割れ、また、一部陥没、隆起が起こる
　・池、沼の水量が変化する
　・井戸水や池の水が濁る
　・家の壁や擁壁に亀裂が入る
　・がけや斜面から水が吹き出す

## 4 風害

基本的には「台風」と同じように準備します。
・雨戸や屋根をチェックし、飛来物での被害がないように、雨戸やシャッターは閉めます。
・雨どいの接合部の金具をチェックします。
・排水溝は掃除し、落ち葉、ゴミなどがないようにし、水が流れることを確認します。
・窓ガラスに飛散防止フィルムやガムテープを貼ります（いざとなったら、板を打ちつけ、畳もあげて板代わりに利用して塞ぎます）。

Column　**こんなに怖い風の力**

　風速20メートルの向かい風では、子どもは歩けなくなります。台風進行方向右側はより強い風が吹き、「危険半円」と呼ばれています。最大瞬間風速は、実際に観測されている風速よりも速くなります。

うちの避難は第一小学校だから近くていいな〜

何言ってるの!

一本道だし迷わないわね

災害時には道が普段通りに通れるとは限らないのよ

地面が陥没したり家屋が倒壊して塞がれていたり

そういえば阪神淡路大震災のとき高速道路が倒れてたな

近所の倒れやすい建物や崩れそうな崖や氾濫しそうな川

どこに危険があるか見て歩こう

防災散歩だ!

どうなっても慌てないように避難経路を何通りか考えておいたほうがいいわね

## 5 津波

　津波は高波とは異なります。高波は海面で起こりますが、津波は数百キロから数千キロに及ぶ海底の急激変動によって起こりますので、海底から海面まで大きな潮の流れになります。津波といっても波ではなく、いわば水の塊りです。エネルギーのすさまじさは、東日本大震災で証明済みで、速さも想像を絶するほどです。上陸してもスピードを保ち、河川、陸地を逆流します。

　避難を第一に考えましょう。

・高台へ逃げます。とにかく高いところへの避難が第一です。

・車に乗っているときは、車を出て避難します。

・財産より自分の命が大事。

・浸水が始まったら、とにかく近くの安全で堅固な建物または山や丘へ避難します。

---

**Column**　　**津波てんでんこ**

　「津波てんでんこ」とは、明治三陸地震（1896年）のときに生まれた言い伝えです。「てんでんこ」は「各自ばらばらに」という意味で、「津波が来たら親も子も捨てて真っ先に逃げる」ことで、それほど津波は恐怖があるということです。

---

## 6 雪害

　最近の異常気象で、雪害も予想を超えて大きくなることがありますので、警戒が必要です。

・最近の家は、ある程度の雪の重みには耐えられるように作られています。しかし問題は、溶ける雪です。ゆっくり陽に当たって溶ける雪は、その重量で雨樋を歪め、家を傾ける原因になります。雪を解かして流す「雪止め」があるかを確認しておきましょう。

・豪雪地帯の一戸建て住宅に住む場合、雪かきは必須です。隣との境の先1メートルくらいは余分に雪かきをしましょう。そうすればトラブルなく、道も通すことができます。自分の家から出た雪は敷地内に置くのが原則です。

・雪は降った翌朝には凍ります。雪の固まらないうちに雪かきをすることが、翌日の転倒などの事故を防ぎます。

| 高波 | 海面で起きる |
| 津波 | 何百キロメートルに渡る巨大な水の壁が押し寄せる |

# Ⅵ 災害の保険

## 1 火災保険と地震保険

　地震による災害を補償するためには、**地震保険**に入らなければなりません。しかし、地震保険は単独では入れません。**火災保険とセット**でなければ入れません。

　地震保険は、火災保険金額（補償される金額）の100％から5％までが限度額です。つまり損壊の程度で、全壊、半壊、一部壊と分かれて支払われます（**図3**）。例えば火災保険の保険金が2,500万円の場合、大半壊ならば60％の1,500万円となります。

図3　地震保険の保険金

| | 基準 | | 支払われる保険金 |
|---|---|---|---|
| | 建物 | 家財 | |
| 全　壊 | 主要構造部の損害額が時価額の50％以上、または焼失、流失した部分の床面積が延床面積の70％以上となった場合 | 損害額が保険金対象の家財全体の時価額の80％以上となった場合 | 保険金額×100％ |
| 大半壊 | 主要構造部の損害額が時価額の40％以上50％未満、または焼失、流失した部分の床面積が延床面積の50％以上70％未満となった場合 | 損害額が保険金対象の家財全体の時価額の60％以上80％未満となった場合 | 保険金額×60％ |
| 小半壊 | 主要構造部の損害額が時価額の20％以上40％未満、または焼失、流失した部分の床面積が延床面積の20％以上50％未満となった場合 | 損害額が保険金対象の家財全体の時価額の30％以上60％未満となった場合 | 保険金額×30％ |
| 一部壊 | 主要構造部の損害額が時価額の3％以上20％未満、または一定以上の高さの浸水を受け、損害が全壊・大半壊・小半壊に至らない場合 | 損害額が保険金対象の家財全体の時価額の30％未満となった場合 | 保険金額×5％ |

財務省ホームページより

## 2 損害保険の家財保険

　火災保険をかけても、住宅内部の家具や家電などは、保険の対象になりません。家の内部の復旧を考えるならば、**損害保険の家財保険**が有効です。事前に、ご自分の家の家財を見積もってみてはいかがでしょうか。

# Ⅶ 住まいの構造・基礎知識

## 1 柱・梁

　住まいは、通常、構造体（主要構造部）という基本の骨組みでできています。縦の材木を使っているのが柱で、その柱を横につないでいるのが梁です。この柱と梁を結合するためには、臍（ほぞ）穴を掘ることや、金物を補助材として使う技術が利用されています。こうしてできる骨組み構造を「**軸組（じくぐみ）工法**」と呼んでいます。

　柱には、主要な力を持つ主柱と、間を補強する間柱があります。梁は、この主柱を主に横につなぐものですが、途中で間柱を通過します。ちょうど、家の胴辺りに当たる中間の場所に横に通っている横桟つまり水平材が、胴縁です。これで、家の骨組みを支えています。これらの材料は、厚さのあるしっかりしたものが用いられます。

---

| Column | 木質プレハブ住宅やツーバイフォー住宅の柱と梁 |
| --- | --- |

　木質のプレハブ住宅や、ツーバイフォーの住宅も原理は同じです。だだ、これに厚手の合板（ふつうベニヤ板）が釘や接着剤で貼られ、壁自体が強度を持つ構造体なので、軸組工法と区別し「**壁工法**」と言われています。この場合も障子のように水平材、つまり胴縁はあります。

　鉄骨系の住宅は、この木造の住宅の柱、梁部分が鉄でできていますが、なかの胴縁や、縦の柱の一部などは木を使っている場合がありますが、鉄骨系プレハブ住宅も同様に、この場合木材は構造体の強度とはあまり関係がありません。

　要は、耐震のための留め金具をつけるときは、この構造体にしっかりビス留めをしなければ、効果は得られません。つっぱり棒も、この柱、梁、胴縁を支点としなければ同様に効果は薄くなります。

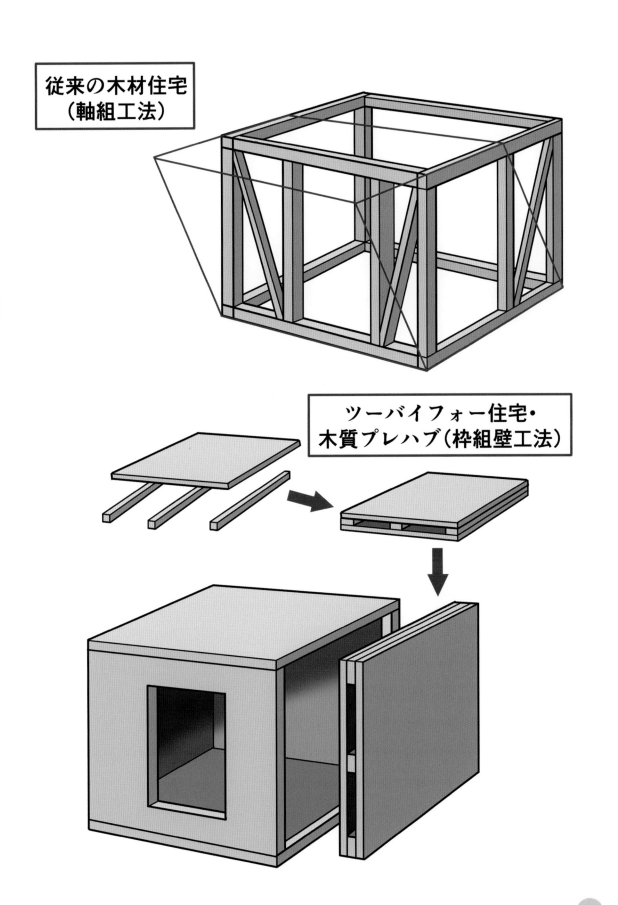

従来の木材住宅
（軸組工法）

ツーバイフォー住宅・
木質プレハブ（枠組壁工法）

## 2 屋根

　日本の伝統的な屋根瓦は美しいことで有名です。建築家であり日本美術への造詣も深いブルーノタウト（独・1880～1938）も西洋から来てこの景色を見て、感動しました。

　瓦は、日本の高温多湿にも耐え、風も抜け、耐用年数も長く貴重です。台風などの多い日本では、屋根に一定度の重みも必要です。その意味でも瓦屋根には捨てがたい、伝統的な魅力があります。

　しかし、瓦の欠点は、重く崩れやすいことです。こと地震となると、崩れ、滑り落ちる瓦は人命に関わります。最近は、瓦も工夫され、軽く、留める金具類も安全なものができています。選ぶならこうしたものがよいでしょう。

---

### Column　最新版屋根瓦と屋根

　最近のものでは、カラーベストコロニアルという、セメントを板状にしたものを重ねていく屋根が多く見られます。昔のスレート瓦は改良され、重いものから、軽く長持ちするものができています。

　また、新しく注目されている屋根材としては、ガルバリウム鋼板があり、アルミニウムを含有する鋼板を用い、防食性、耐熱性、耐用年数にも優れた屋根を作っています。古くなったカラーベストを剥がすことなく、丸ごと包んでしまう改築の方法（カバー工法）もあります。

　こうした新しい材料の屋根は、瓦屋根に比べて、軽く地震などの災害にも強い、といえるでしょう。

---

## 3 床

　日本の床は、基礎は板張りです。今でこそフローリングもありますが、要は木の板が張ってあり、その上に畳、または仕上げの板を貼ってあります。最近の戸建住宅の床下は、コンクリートが敷き詰められていて、床下の湿気が上がってくるのを防ぐ構造になっているものが増えています。昔は「独立基礎」といって、柱ごとに基礎がありましたが、現在は柱の下に家の周囲を囲む土台に沿って、布を敷くように布基礎（ぬのきそ）を設置するようになっており、床下そのものが箱になったように一体成型になっている工法が増えています。これを「ベタ基礎」といいますが、このほうが地震や地盤の変化にも強いという経験からできたものです。

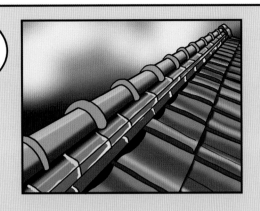

屋根も最近では軽量の瓦にする家が増えてるわね

災害に強い屋根瓦もどんどん開発されているねー

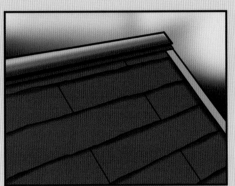

床下も湿気の多い日本家屋では通気を重視していたけど

最近は地震に強い一体型にするのが主流ね

# 4 壁

　壁は、毎日見ていても、その構造をきちんと理解している人はそう多くないでしょう。最近の家の壁は、構造体（主要構造部）の上に、構造用合板という厚めの板を張り巡らせてあります。そこから外側は、防水紙、外壁のモルタルを載せるためのラスという金網、仕上げの吹き付け塗料、という順番にできています。

　問題は内側ですが、合板の上には、防火用の石膏ボードが貼ってあります。釘などを打つと、はらはらと白い粉が落ちてくるのでその存在がわかります。その上にクロス、つまり壁紙が貼ってあるのが普通です。和室も下地が土でなければ、仕上げが土壁のようでも、それは塗りものか、それ風に見せた壁紙です。ツキ板合板という美しい木目の天然木を薄くスライスしたものを、通常の板に載せて化粧板として貼ってある場合もあります。

　つまり、壁は構造体として全体の力はあるものの、部分的な支点にはなりにくいのです。ビスなどを打つ場合には、石膏ボードの厚さまででは、まったく効果がありません。下地の厚地の合板、または胴縁などの構造体にまで至る釘でビス打ちしなければ効果がない、ということを理解する必要があります。

# 5 天井

　天井は弱いものです。屋根裏をのぞくとわかりますが、小屋と呼ばれる屋根の三角を構成している構造体の梁、つまり小屋梁から、吊木（つりぎ）によって下げられた野縁（のぶち）という4・5センチ角くらいの材料に天井板が打ち付けられているに過ぎません。この天井裏に電気の配線が張り巡らされていますし、照明器具もここから吊り下げられています（57ページ参照）。基本は、小屋梁から直接下がっている吊木に近い場所が比較的強度が強い、ということになります。

　しかし、日常の天井の姿からはわかりません。照明器具を新たに吊り下げる場合には専門の大工さんに相談するか、野縁の位置を確認しておく必要があります。野縁は、格子状に30センチメートルあるいは45センチメートル間隔に張り巡らされているのが普通です。

## Column　天井と照明器具

　最近の照明は、天井にソケットが直接付いていて、シーリングライト・ランプという、天井からはあまり距離を置かない照明が増えています。また、ダウンライトといって天井に埋め込みになっているものも多くあり、このような直（じか）づけ照明器具であればほぼ安全でしょう。

　天井から長く吊るした照明器具を固定するときは、インテリアデザインも配慮しながら考える必要があります。ライトのカバーをアクリルにする、その上を布で覆う、また和室は柔らかな和紙のカバーを使う、などの工夫を行い、災害時に横揺れしても安全な対策をとるとよいでしょう。

# 6 窓

　最近の日本の家のガラスの使用量は目を見張るものがあります。ガラスのない時代は、柱の間は雨戸と障子、襖でした。既に遠い昔のようです。

　今は、アルミサッシのペアガラス（二重ガラス）、またはトリプルガラス（三重ガラス）などが普及しています。防音、遮熱はよいのですが、耐震性には、まだ疑問があります。しかし、徐々に構造材として期待される窓枠も出てきているようですので、当面は壊れたときのガラスの飛散を防ぐフィルム貼りを原則にしたいものです。

吊り下げるタイプだと地震の時に揺れるから怖いね

照明も最近はシーリングライトという天井に直接取り付けるタイプが主流ね

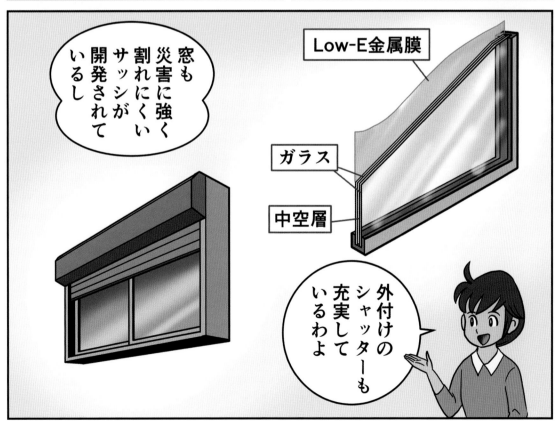

窓も災害に強く割れにくいサッシが開発されているし

Low-E金属膜

ガラス

中空層

外付けのシャッターも充実しているわよ

# 役に立つ道具一覧

| 用途 | 道具名 | 使い方 | ページ |
|---|---|---|---|
| 家具の固定用工具 | Ｌ字型金物 | 比較的軽量の家具転倒防止に | 6 |
| | Ｉ字型金物 | 軽量の家具同士等の連結に | 6 |
| | 間柱探知機 | 間柱の位置を探す | 6 |
| | 針金（ワイヤー） | 家具や照明器具の固定に | 6、8、14 |
| | ヒートン | ねじ込んで針金を通す | 6、8 |
| | 金槌 | ネジが使えるかどうか、たたいてチェックする | 6 |
| | ドライバー | ネジを留める | 6 |
| | 電動ドライバー（インパクトドライバー） | 軽い力でネジを留める。インパクトドライバーはドリルの役割も | 6 |
| | スクリュー釘 | コンクリートに打ち込むボルト | 6 |
| 家具の固定・転倒防止対策 | つっぱり棒 | 背の高い家具（本棚、タンスなど）を天井に固定する | 8 |
| | 固定ベルト | 重量のある家具（冷蔵庫、テレビなど）を壁に固定する | 8 |
| | 固定金具 | 動きやすい家具（食器棚、ガラス製戸棚など）を壁に固定する | 8 |
| | 滑り止めマット | 食器棚やガラス製品の飛び出しを防止するために棚の中に敷く | 8、14 |
| | ストッパー（食器棚等） | 食器棚やガラス製品の飛び出しを防止するために棚の入り口に設置する | 8 |
| | ガラス飛散防止フィルム | 家具のガラス戸やガラス窓の飛散防止に | 12、46、58 |
| 避難生活 | ホイッスル | 救助者に自分の存在を知らせる | 16 |
| | 飲み水衛生材 | ろ過した雨水などから不純物を除いて飲料として使えるようにする | 18 |
| | バール（平バール） | 閉じ込められたときのドアのこじ開けに | 20、28、36 |
| | ファスナー付きビニール袋 | 非常食を保存し、内容を記入しておくために | 30 |
| | フェルトペン | 非常食を保存した袋に内容等を記入する | 30 |
| | 携帯カイロ | 暖をとる。レトルトご飯の温めにも | 32 |
| | スリッパ | 飛散したガラスなどでケガをしないように | 36 |

# 役に立つグッズ一覧

| 用途 | グッズ名 | 使い方 | ページ |
|---|---|---|---|
| 衣 | メガネ・老眼鏡 | 常用者がいる場合は必ず予備の準備を。 | 16,32 |
| | 不織布製の下着 | 通気性、ろ過性、保湿性に優れており、100円ショップでも入手できるので使い捨てに。 | 32 |
| | ウインドブレーカー | 100円ショップでも入手でき、防寒・防雨用に。 | 32 |
| | レインコート | 100円ショップでも入手でき、防寒・防雨用に。 | 32 |
| | ヘルメット | 落下物から頭部を守る。折りたたみ式のものも。 | 32 |
| | 携帯カイロ | 暖を取る以外に、レトルトパックのご飯の温めにも。 | 32 |
| | ポンチョ | 雨具や防寒具として使う以外に、目隠し用にも。ゴミ袋で代用可能。 | 34 |
| | 寝袋 | 屋外や車中で睡眠をとるときに。保管する時はカビに注意を。 | 34 |
| | キャリーバッグ | 荷物の運搬に。 | 34 |
| | デイパック | 避難先ですぐに使うグッズを入れて持ち運びを。 | 34 |
| | マスク | 埃やウイルス除けに。 | 36 |
| | タオル | 防寒や包帯、三角巾、ロープ、シーツなどの代わりに。 | 36 |
| | スリッパ | ガラスの飛散している床を移動するときに。 | 36 |
| | 毛布 | 睡眠用だけでなく、防寒や傷病人の搬送に。 | 40 |
| | おむつ | 乳幼児がいる場合は必ず準備を。 | 40 |
| 食 | レトルト食品 | 調理ができない場合でも簡単に食事ができる。 | 30,32 |
| | フリーズドライ食品 | 調理ができない場合でも簡単に食事ができる。 | 30 |
| | バーベキュー用炭・着火剤・軍手など | 屋外での調理に。 | 32 |
| | カートリッジ式ガスコンロ | ガスが止まっているときの調理に。カートリッジは5〜6本準備してあると安心。 | 32,34 |
| | 使い捨て食器 | 水を使えない時の食事に。 | 34 |
| | ポリタンク | 飲料水などの保管に。折りたたみ式・蛇口付きの物が便利。 | 34,38 |
| | 固形燃料 | 電気やガスが止まっているときの調理や暖房用に。 | 34 |
| | アーミーナイフ | 缶切りやハサミ、栓抜きなどの代わりに。 | 34,36 |
| | 飲料水 | 飲料としては1日に1人3リットル×3日分を。 | 38 |
| | 粉ミルク | 乳幼児がいる場合は必ず準備を。 | 40 |
| | ペットフード | ペットがいる場合は必ず準備を。 | 40 |
| 衛生・薬 | ビニール袋 | いざというときの呼吸の確保に。 | 36 |
| | ゴミ袋 | 水汲み用、防水嚢、トイレ等の代わりに。 | 36 |
| | ウェットタオル | 入浴できないときの体の清拭に。乳幼児や高齢者にも。 | 36 |
| | ドライシャンプー | 水が使えないときのシャンプーに。 | 36 |
| | 傷用軟膏 | 傷を負ったときの応急手当用に。 | 36 |
| | 飲み薬 | 風邪薬など。 | 36 |
| | 湿布 | 打ち身等の応急手当用に。 | 36 |
| | 整腸薬 | 水や食品などで腸の調子が悪いときに。 | 36 |
| | おしり拭きシート | 乳幼児がいる場合は必ず準備を。 | 40 |
| その他 | 電池 | 電池が切れたときのために5〜6本は予備を。 | 30 |
| | 携帯ラジオ | 停電時でも情報収集に使える。充電機能が付いているものも。 | 32 |
| | ローソク | 停電時などの照明替わりに。火災には十分に注意を。 | 32 |
| | コンパクトガスストーブ | 屋外でも手軽に使えるストーブ。一酸化炭素中毒に注意。 | 32 |
| | ヘッドランプ | 暗い中で物を探すときに便利。時々点灯してバッテリーの確認を。 | 32 |
| | スティックライト | 棒状の懐中電灯。LED使用のものも。 | 32 |
| | メッシュポーチ | 身の回りの物の保管に。貴重品の保管には向かない。 | 32 |
| | ペンライト | 物を探すときにはもちろん、立てればテーブルライトにも。 | 32,34 |
| | ダンボール箱 | 水汲みバケツ、トイレ、目隠し、布団等の代わりに。 | 36 |
| | スマホ用バッテリー | 常に充電されているように注意。 | 38 |
| | 子ども用おもちゃ・絵本・お菓子 | 小さい子どもが避難所でストレスを溜めないために。 | 40 |
| | ポータブル発電機 | 人工呼吸等が必要な病人がいる場合は、避難所などでの措置に。 | 40 |

# 全国政令指定都市の耐震診断・耐震補強工事の補助金制度一覧
## （2020 年 4 月 1 日現在）

＊一般木造戸建の場合（1981（昭和56）年 5 月31日以前に建てられたもの）

| | 耐震診断 | | 耐震補強工事 | |
|---|---|---|---|---|
| | 無料診断または<br>上限額 | 助成割合 | 上限額 | 助成割合 |
| 札　幌　市 | 無料 | ― | 120万円 | ― |
| 仙　台　市 | 一部自己負担 | ― | 100万円 | 4／5 |
| さいたま市 | 無料 | ― | 120万円 | 1／2 |
| 千　葉　市 | 4万円 | 2／3 | 100万円 | 4／5 |
| 横　浜　市 | 無料 | ― | 100万円 | ― |
| 川　崎　市 | 無料 | ― | 100万円 | 2／3 |
| 相模原市 | 無料 | ― | 80万円 | 1／2 |
| 新　潟　市 | 一部自己負担 | ― | 120万円 | 2／3 |
| 静　岡　市 | 無料 | ― | 100万円 | 8／10 |
| 浜　松　市 | 無料 | ― | 45万円 | ― |
| 名古屋市 | 無料 | ― | 100万円 | 4／5 |
| 京　都　市 | 無料 | ― | 100万円 | 4／5 |
| 大　阪　市 | 5万円 | 10／11以内 | 100万円 | 2／3 |
| 堺　　　市 | 無料 | ― | 120万円 | 2／3 |
| 神　戸　市 | 無料 | ― | 130万円 | ― |
| 岡　山　市 | 一部自己負担 | ― | 80万円 | 1／2 |
| 広　島　市 | 4万円 | 2／3 | 50万円 | ― |
| 北九州市 | 一部自己負担 | ― | 100万円 | 4／5 |
| 福　岡　市 | 一部自己負担 | ― | 90万円 | ― |
| 熊　本　市 | 一部自己負担 | ― | 100万円 | 4／5 |

※補助については市によって要件がありますので、詳細は市にお問い合わせください。

# 索 引

**家で災害に耐える ～家にいて守ろう～**                                    〈不許複製〉

2020年9月1日発行

制作・発行者　年友企画株式会社

　　　　　　　〒101-0047
　　　　　　　東京都千代田区内神田2-15-9　The Kanda 282
　　　　　　　TEL：03-3256-1711　FAX：03-3256-8927
　　　　　　　https://www.nen-yu.co.jp

文　小峰　昇（住まいの文化研究家）／マンガ　長野　亨／監修　小山　勝（防災士）